BEI GRIN MACHT SICH IHR WISSEN BEZAHLT

- Wir veröffentlichen Ihre Hausarbeit,
  Bachelor- und Masterarbeit

- Ihr eigenes eBook und Buch -
  weltweit in allen wichtigen Shops

- Verdienen Sie an jedem Verkauf

Jetzt bei www.GRIN.com hochladen und kostenlos publizieren

Erstellung eines Kraftplans und Effekte von Krafttraining auf physiologische Faktoren

Heinrich-Luc Tovar

GRIN ☺

Bibliografische Information der Deutschen Nationalbibliothek:

Die Deutsche Nationalbibliothek verzeichnet diese Publikation in der Deutschen Nationalbibliografie; detaillierte bibliografische Daten sind im Internet über http://dnb.d-nb.de abrufbar.

ISBN: 9783346563477
Dieses Buch ist auch als E-Book erhältlich.

© GRIN Publishing GmbH
Nymphenburger Straße 86
80636 München

Druck und Bindung: Books on Demand GmbH, Norderstedt Germany
Gedruckt auf säurefreiem Papier aus verantwortungsvollen Quellen

Das vorliegende Werk wurde sorgfältig erarbeitet. Dennoch übernehmen Autoren und Verlag für die Richtigkeit von Angaben, Hinweisen, Links und Ratschlägen sowie eventuelle Druckfehler keine Haftung.

Das Buch bei GRIN: https://www.grin.com/document/1159106

Deutsche Hochschule für
Prävention und Gesundheitsmanagement
Hermann Neuberger Sportschule 3
66123 Saarbrücken

Einsendeaufgabe

Fachmodul: Trainingslehre 1

Studiengang: Fitnesstraining

Datum Präsenzphase: 29.03.2021-01.04.2021

Name, Vorname: Tovar, Heinrich-Luc

Studienort: Köln

Semester: WS 2020

Inhaltsverzeichnis

1 Diagnose

Um das Training für den Probanden optimal zu gestalten, ist es essenziell so viel wie möglich über die physische Verfassung, Trainingsziele und Wünsche, etwaige Beschwerden oder auch Medikamenteneinnahme in einem Beratungsgespräch herauszufinden. Diese Diagnose hilft bei der Einschätzung der Leistungsfähigkeit der Person und erleichtert die Erstellung einer effizienten Trainingsplanung.

1.1 Allgemeine und biometrische Daten

Tab. 1: Darstellung der biometrischen Daten des Probanden (eigene Darstellung)

Alter:	15 Jahre
Geschlecht:	männlich
Körpergröße:	171cm
Körpergewicht:	64kg
Trainingsmotive:	Muskelaufbau, Kraftsteigerung, Gewichtszunahme
Berufliche Tätigkeit:	Schüler (sitzend)
Aktuelle sportliche Tätigkeiten:	Krafttraining 3x die Woche (1,5 Jahre) ohne systematische Trainingsplanung
Frühere sportliche Tätigkeiten:	Fußball 3x die Woche (3 Jahre)
Zeitlicher Verfügungsrahmen:	3-5 Einheiten die Woche
Orthopädische Probleme:	Keine Probleme
Internistische Probleme:	Keine Probleme
Ärztliche Behandlungen:	Keine laufenden Behandlungen
Medikamente:	Keine Einnahme von Medikamenten
Sonstige gesundheitliche Einschränkungen:	Keine sonstigen gesundheitlichen Einschränkungen

Blutdruck:	121 systolisch mmHg/81 diastolisch mmHg
Normalwerte Blutdruck:	130> mmHg systolisch/85> mmHg diastolisch (AHS)

Der Blutdruck der Testperson wurde mithilfe einer elektrischen Blutdruckmanschette gemessen. Es wurde die auskultatorische Messung nach Riva-Rocci, benutzt. Die Manschette wurde auf Herzhöhe am Oberarm angelegt um den Blutdruck zu bestimmen.

Nach der „American Heart Association" liegt ein normaler Ruheblutdruck bei unter 130 mmHg systolisch und bei unter 85 mmHg diastolisch. Der gemessene systolische sowie diastolische Blutdruck meines Probanden befindet sich demnach im Normalbereich und wirft keine etwaigen Anzeichen von Hypertonie auf.

Deshalb müssen die Blutdruckwerte des Probanden im Bezug auf die Belastbarkeit und Trainierbarkeit nicht berücksichtigt werden.

1.2 Krafttestung

Bezüglich des derzeitigen Leistungs- und Gesundheitszustandes und der Ziele meiner Person wurde sich beim Krafttest für einen „10 Repetition Maximum" oder auch individuelle-Leistungsbild-Methode (ILB) Test entschieden, da das Hauptziel der Person der Muskelaufbau ist und 10 Wiederholungen im Bereich des „Muskelaufbau extensiv" liegen und so ein optimaler Zuwachs an Muskelmasse gesichert ist. Bezüglich des Leistungs- und Gesundheitszustandes der Person ist es ebenfalls ein sinnvoller Test da der Proband durchaus leistungsfähig ist, durch das jahrelange ausführen von verschiedenen Sportarten und keine etwaigen gesundheitlichen Beschwerden vorliegen, was somit auch eine höhere körperliche Belastung ertragbar macht.

Der Test wurde folgendermaßen durchgeführt: die Testperson wärmte sich zuerst 15 Minuten an einem Crosstrainer auf um die Gelenke mit Synovia zu versorgen, das Herz-Kreislaufsystem vorzubereiten und um die Muskulatur während des Tests besser mit Sauerstoff und Nährstoffen zu versorgen. Danach begann der eigentliche Krafttest der

aus diesen Übungen in der Reihenfolge wie sie erscheinen bestand: Langhantel Bankdrücken, Latzug zur Brust Maschine, Beinpresse Maschine, Rudern zum Bauch
Maschine, Schrägbankdrücken Kurzhantel, Rudern zur Brust Maschine, Schulterdrücken Maschine, Butterfly Reverse, Schrägbankdrücken Kurzhantel, Absduktion Maschine, Seitheben(unilateral), SZ-Curls, Cross-Body Hammer Curls, Skullcrusher SZ-
Stange und Beinbeuger Maschine. Bei jeder Übung wurden vor dem Test jeweils 2 Sätze mit submaximaler Last ausgeführt um die beanspruchten Gelenke und Muskulatur
aufzuwärmen. Danach wurden höchstens 3 Testsätze angepeilt, weil bei mehr als 3 Sät-
zen die Erschöpfung zu groß und das Ergebnis nicht aussagekräftig wäre. Die Gewichte
der Testsätze wurden auf Einschätzung des Probanden eingestellt und nach dem ersten
Satz verringert bzw. erhöht um mit 10 Wiederholungen eine hundertprozentige Erschöpfung der Muskulatur hervorzurufen. Zwischen jedem Satz liegen 90 Sek. Pause.
So wurden alle in Tabelle 2 genannten Übungen in der oben genannten Reihenfolge
absolviert und es konnten die Intensitäten, die für die weitere Entwicklung des Trai-
ningsplans erforderlich sind ermittelt werden.

Tab. 2: Darstellung der Testergebnisse des X-RM Krafttest (ILB-Methode)
(eigene Darstellung)

Testübungen	Wdh.	1. Test-satz	2. Test-satz	3. Test-satz	Ergebnis
Bankdrücken Langhantel	10	47,5kg	55kg	50kg	50kg
Latzug Maschine zur Brust	10	57,5kg	/	/	57,5kg
Beinpresse Maschine	10	115kg	120kg	/	120kg
Rudern zur Brust Maschine	10	45kg	40kg	/	40kg
Schulterdrücken Maschine	10	30kg	25kg	/	25kg
SZ-Curls	10	20,5kg	/	/	20,5kg
Skullcrusher SZ-Stange	10	13kg	/	/	13kg
Schrägbankdrücken Kurzhantel	10	14kg(pro hantel)	16kg(pro Hantel)	/	16kg(pro Hantel)
Beinbeuger Maschine	10	52,5kg	50kg	/	50kg
Rudern zum Bauch Maschine	10	42,5kg	45kg	/	45kg
Butterfly Reverse	10	30kg	27,5kg	/	27,5kg
Cross-Body Hammer Curls Kurzhantel (Gewicht pro Hantel)	10	12kg	16kg	14kg	14kg

Abduktion Maschine	10	80kg	75kg	/	75kg
Seitheben Kabelzug (unilateral)	10	4,5kg	6kg	/	6kg
Beinstrecker Maschine	10	50kg	45kg	/	45kg
Butterfly Maschine	10	30kg	25kg	27,5kg	27,5kg

Die genaue Ermittlung der verschiedenen Arbeitsgewichte der einzelnen Übungen ermöglicht die Dokumentation der Progression der Testperson, da zwischen den einzelnen
Mesozyklen bzw. am Ende des Makrozyklus ein erneuter X-RM Test durchgeführt werden kann.

Desweiteren sichert die Testung eine optimale Progression des Probanden, da die Gewichte nicht mehr auf subjektiver Basis entschieden werden. Ebenfalls hilft diese genaue Feststellung der Gewichte, bei dem Hauptziel des Kunden was der Muskelaufbau
ist, da eine progressiv steigende Trainingsintensität eines der wichtigsten Trainingsprin-
zipien darstellt. Ein weiterer Vorteil des Tests ist, dass nach dem ersten Meso- bzw.
Makrozyklus ein erneuter X-RM Test durchgeführt werden kann um eventuelle Leis-
tungssteigerungen festzustellen.

2 Zielsetzung/Prognose

Tab. 3: Drei Ziele die mit Absprache des Probanden aus dem Beratungsgespräch hervorgingen
(eigene Darstellung)

	Inhalt	Ausmaß	Zeit
Ziel 1	Körpergewichtssteigerung (Muskelaufbau)	5-6kg	4 Monate (1-4 Monat)
Ziel 2	Kraftsteigerung	Kraftsteigerung der Brust- muskulatur von 15-20%	4 Monate (1-4 Monat)
Ziel 3	Körpergewichtssenkung	2-3kg	2 Monate (5-6 Monat)
Begründung Ziel 1	Kundenwunsch, unterstützend bei Ziel 2, Muskelaufbau Inbegriffen		
Begründung Ziel 2	Kundenwunsch, Kraftsteigerung ist essenziell bei Muskelaufbau		
Begründung Ziel 2	Kundenwunsch, Körperfettanteil Reduzierung		

Es wurden bereits im Beratungsgespräch mit dem Probanden verschiedene Trainingsmotive ermittelt (siehe Tab.1), die dann in Tab.3 weiter ausgeführt wurden um die optimale Strategie und den bestmöglichen Ansatz für jedes Ziel zu finden. Der Proband äußerte sich darin, dass seine Ziele vor allem in einer Verbesserung der physischen Leistungsfähigkeiten des Körpers und der Erhöhung der Muskelmasse liegen. Gleichzeitig sei für ihn eine Senkung des Körperfettanteils, nach der anfänglich geplanten Gewichtszunahme durchaus interessant.

Die Kraftsteigerung in der Brustmuskulatur insbesondere bei der Übung Bankdrücken Langhantel ist ebenfalls ein Fokus den die Testperson im Makrozyklus legen möchte, vor allem auch um die Muskelmasse in der Brustmuskulatur zu erhöhen.

Die Körpergewichtssteigerung der Person stellt das primäre Ziel da, da die Person in erster Linie Muskeln aufbauen möchte, was durch eine simultane Gewichtszunahme natürlich deutlich erleichtert wird. Eine Gewichtssteigerung von 5-6kg in den ersten 4 Monaten des Makrozyklus wäre ein realistisches Ziel, da dies eine Zunahme von etwa 1,25kg-1,5kg pro Monat erfordern würde, welche mit einem moderaten Kalorienüberschuss von ungefähr 200-300kcal über den Erhaltungskalorien, durchaus machbar für die Testperson ist. Ebenfalls ist die Kraftsteigerung von 15-20% in der Übung Bankdrücken was eine Steigerung von 7,5kg-10kg beträgt ein Ziel welches sich optimal mit der Gewichtszunahme in den ersten 4 Monaten verbinden lässt, da eine Erhöhung der Muskelmasse gleichzeitig die Kraft erhöht (Chen L., Nelson D. R., Zhao Y., Zhanglin C., Johnston J. A., 2013)

3 Trainingsplanung Makrozyklus

Tab. 4: Makrozyklus Plan der 4 Mesozyklen die über 6 Monate laufen, beinhaltet (eigene Darstellung)

	Mesozyklus 1	Mesozyklus 2	Mesozyklus 3	Mesozyklus 4
Dauer:	6 Wochen	6 Wochen	6 Wochen	8 Wochen
Trainingsziel:	Muskelaufbau extensiv	Muskelaufbau extensiv	Muskelaufbau extensiv	Muskelaufbau extensiv
Einheiten/Woche	3	4	4	4
Organisations- form:	Ganzkörpertrai- ning	Split Push/Pull	Split Push/Pull	Split Push/Pull
Übungen/ Muskelgruppe:	1-3	1-3	1-3	1-3

Sätze/Übung:	3	3	3	3
Satzpausen:	90 Sek.	90 Sek.	90 Sek.	90 Sek.
Wiederholungen:	8-12	8-12	8-12	8-12
Intensität:	75-85%	80-90%	85-100%	75-85%
Bewegungstempo:	202	202	202	202

Die Planung der verschiedenen Mesozyklen die sich in dem Makrozyklus (Tab.4) befinden, beruht auf den Ergebnissen des zuvor durchgeführten 10-RM Test (Tab.2) und den Zielen und Wünschen des Probanden um diese schnellstmöglich und optimal zu erreichen. Da der Proband jung, sportlich und ohne etwaige gesundheitliche Beschwerden ist und ebenfalls Erfahrung im Kraftsport mitbringt, kann das Training mit einer erhöhten Intensität gestaltet werden um maximale Resultate in sowohl Muskelmasse als auch Kraftsteigerung hervorzurufen. Da der Proband sich unsicher über seine eigenen Leistungsfähigkeiten war und Schwierigkeiten beim einschätzen der Arbeitsgewichte hatte, wurde die Individuelle-Leistungsbild-Methode gewählt um genaue Gewichtsvorgaben zu geben und um einen optimal überschwelligen Reiz zu gewährleisten. Im ersten Mesozyklus trainiert der Proband in einem GK Training mit 3 Einheiten pro Woche, welche jeweils 1-3 Übungen pro Muskelgruppe beinhalten. Von jeder dieser Übungen werden 3 Sätze ausgeführt die immer aus 8-12 Wiederholungen bestehen, da dies dem Muskelaufbau extensiv entspricht. Jeweils 90 Sekunden wurden als Pause angegeben. Dies ist die kürzeste Pause die eine optimale Erholung des Muskels sichert und gleichzeitig das Training nicht zu lang werden lässt (J. P. Athiainen, A. Pakarinen, M. Alen, W. J. Kraemer, K. Häkkinen, 2005). Es wurde das Trainingsziel Muskelaufbau extensiv gewählt, da es dem Kundenwunsch des Muskelaufbaus entspricht und im Wiederholungsbereich von 8-12 der effektivste Muskelaufbau stattfindet und gleichzeitig eine geringere Verletzungsgefahr besteht(Quelle). Im Mesozyklus 1 wird mit einer vergleichsweise moderaten Intensität von 75-85% des 10-RM(siehe Tab.2) gearbeitet um die Person auf die bevorstehenden anstrengenderen Mesozyklen vorzubereiten in denen die Intensität stetig erhöht wird. Das Bewegungstempo ist in jedem Mesozyklus 202(2 Sekunden exzentrisch, 0 Sekunden in der Übergangsposition, 2 Sekunden konzentrisch). Es wurde das Ganzkörpertraining gewählt, da möglichst viele Muskelgruppen in einer relativ kurzen Zeit beansprucht werden können und eine Häufigkeit von 2x pro Woche pro Muskelgruppe die größten Hypertrophie Anpassungen hervorruft,

(B.J. Schoenfeld, D. Ogborn, J.W. Krieger, 2016) aber man den Belastungsumfang pro Muskelgruppe gering hält um nicht in das Übertraining zu gelangen und eine optimale Relation zwischen Belastung und Erholung zu gewähren. Es wurde für jeden Mesozyklus die Blockperiodisierung gewählt, da das Trainingsziel dasselbe bleibt und so eine spezifische Ansteuerung besagten Ziels erleichtert wird, während die Intensitäten von Mesozyklus zu Mesozyklus gesteigert werden. Im darauffolgenden Mesozyklus 2 ändert sich die Organisationsform zu einem Push/Pull Split und es wird 4-mal die Woche trainiert. Die Organisationsform wurde zu einem Split geändert, weil der Proband nach dem ersten 6-Wöchigen Mesozyklus bereit für eine höhere Trainingshäufigkeit und Trainingsumfang um so weitere Fortschritte in der Hypertrophie und der Kraftsteigerung zu erreichen. Diese können natürlich durch einen Push/Pull Split optimal erfüllt werden, da der Proband nun jeweils 2 Tage in der Woche hat um sich zum einen auf die Rücken- ,Bizeps- und Beinbeugermuskulatur zu konzentrieren und zum anderen um die Brust-, Schulter-, Trizeps- und Beinstreckermuskulatur zu trainieren. Ebenfalls wird die Intensität im Vergleich zum vorherigen Mesozyklus erhöht um das Prinzip der progressiv steigenden Belastung zu erfüllen. Im Mesozyklus 3 erreicht die Trainingsintensität ihren Höhepunkt, da der Kunde durch die beiden vorherigen Mesozyklen bereit für größere Belastungen ist um die maximale Kraftsteigerung und das maximale Muskelwachstum in diesem Zyklus zu erreichen. Am Höhepunkt des Zyklus wird mit einer Intensität von 100% des 10RM-Tests trainiert, was eine sehr anstrengende Woche darstellt auf die der Proband aber ausreichend vorbereitet wurde durch eine Gewöhnung an stetig steigende Intensitäten, der Zunahme an Körpergewicht und Muskelmasse, die Verbesserung der intramuskulären Koordination (C. Menzi, L. Zahner, S. Kriemler, 2007) und die generelle Kraftsteigerung über die letzten 12 Wochen. Vor diesem Zyklus wird ein erneuter 10RM Test durchgeführt um mit der voll abrufbaren Leistungsfähigkeit zu trainieren und um festzustellen ob eines der Ziele des Kunden und zwar die Kraftsteigerung der Brustmuskulatur (siehe Tab.3) um 15-20% erreicht wurde. Nach diesem durchaus herausfordernden Zyklus wird die Intensität im letzten Zyklus(Mesozyklus 4) etwas verringert, da das Ziel während dieses 8-Wöchigen Zyklus die Körperfettreduzierung bzw. die Körpergewichtsabnahme ist und der Proband sich deshalb in einem Kaloriendefizit befindet, wodurch ihm weniger Energie zur Verfügung steht, was das Training deutlich anstrengender macht. Die abrufbare Kraft ebenfalls verringert was auch einer der Gründe ist warum die Arbeitsgewichte in diesem Zyklus verringert werden. Im Gegensatz zu den anderen Zyklen dauert Mesozyklus 4 8 Wochen, da es dem Probanden 2 Wochen mehr Zeit gibt die Körpergewichtsabnahme von 2-3kg durchzuführen. Dies ermöglicht der Testperson einen geringeren Kaloriendefizit auszuwählen von ungefähr 200-300kcal unter den Erhaltungskalorien, was die Kraftminderung im Training etwas moderater ausfallen lässt.

4 Trainingsplanung Mesozyklus

Tab.5: Genaue Beschreibung des dritten von 4 Mesozyklen die in Tab.4 beinhaltet sind
(eigene Darstellung)

Mesozyklus 3 (Pull Trainingseinheit)				Trainingsintensität (85-100%) des 10RM					
Übungen	Wdh.	10 RM	Sät-ze	Woche 1	Woche 2	Woche 3	Woche 4	Woche 5	Woche 6
				85%	85%	90%	90%	95%	100%
Rudern zum Bauch Maschine	8-12	45kg	3	40kg	40kg	42,5kg	42,5kg	42,5kg	45kg
Latzug zur Brust Maschine	8-12	57,5 kg	3	50kg	50kg	52,5kg	52,5kg	55kg	57,5kg
Rudern zur Brust Maschine	8-12	40kg	3	35kg	35kg	37,5kg	37,5kg	37,5kg	40kg
Butterfly Reverse Maschine	8-12	27,5kg	3	22,5kg	22,5kg	25kg	25kg	25kg	27,5kg
Bizeps-Curls SZ-Stange	8-12	20,5 kg	3	18kg	18kg	18kg	18kg	18kg	20,5kg
Cross-Body Hammer-curls Kurzhantel	8-12	14kg (pro Han-tel)	3	12kg	12kg	12kg	12kg	12kg	14kg
Beinbeuger Maschine	8-12	50kg	3	45kg	45kg	47,5kg	47,5kg	47,5kg	50kg

Abduktion	8-12								
Maschine		75kg	3	65kg	65kg	70kg	70kg	72,5kg	75kg

Mesozyklus 3 (Push Trainingseinheit)				Trainingsintensität (85-100%) des 10 RM					
Übungen	Wdh.	10 RM	Sätze	Woche 1	Woche 2	Woche 3	Woche 4	Woche 5	Woche 6
				85%	85%	90%	90%	95%	100%
Bankdrücken Langhantel	8-12	50kg	3	42,5kg	42,5kg	45kg	45kg	47,5kg	50kg
Schrägbankdrücken Kurzhantel	8-12	16 Kg (pro Hantel)	3	14kg	14kg	14kg	14kg	16kg	16kg
Schulterdrücken Maschine	8-12	25kg	3	20kg	20kg	22,5kg	22,5kg	22,5kg	25kg
Seitheben Kabelzug (unilateral)	8-12	6kg	3	4,5kg	4,5kg	4,5kg	6kg	6kg	6kg
Butterfly Maschine	8-12	27,5 kg	3	22,5kg	22,5kg	25kg	25kg	27,5kg	27,5kg
Skullcrusher SZ-Stange	8-12	15,5 kg	3	13kg	13kg	13kg	15,5kg	15,5kg	15,5kg
Beinpresse Maschine	8-12	125 kg	3	105kg	105kg	115kg	115kg	120kg	125kg
Beinstrecker Maschine	8-12	45kg	3	40kg	40kg	42,5kg	42,5kg	45kg	45kg

Der 6-Wöchige Mesozyklus 3 beinhaltet die höchste Intensität der vier Zyklen, da der Proband an diesem Punkt seines Trainings durch die vorherigen Zyklen in denen langsam die Intensität erhöht wurde und in denen sich sein Körpergewicht und die Muskelmasse gesteigert hat, die größte abrufbare Kraft zur Verfügung hat. Das Trainingsziel ist

11

wie bei den anderen 3 Mesozyklen der Muskelaufbau um in diesem Makrozyklus die maximal mögliche Muskelmasse aufzubauen um vor allem optische Veränderungen zu provozieren, gleichzeitig aber auch die Kraft um ein gewisses Maß zu steigern. Es wurde Mesozyklus 3 anstelle von Mesozyklus 4 als intensivster Trainingsabschnitt gewählt, da es das Ziel des Probanden ist in den letzten beiden Monaten des Makrozyklus ist Gewicht zu verlieren und so den Körperfettanteil zu senken. Dies würde sich gleichzeitig mit einem sehr intensiven Mesozyklus als schwierig gestalten, da die Kraft des Probanden sich vorrausichtlich etwas vermindert sobald er in ein Kaloriendefizit wechselt.

Da der Proband ein großes Zeitfenster für Trainingseinheiten zur Verfügung stellt, kann mit 4 Trainingstagen pro Woche gearbeitet werden, was eine optimale Trainingshäufigkeit (jede Muskelgruppe 2x Woche trainieren) ermöglicht und so zielführend für den Muskelaufbau ist. Der Vorteil des Split-Trainings gegenüber dem Ganzkörpertraining ist, dass der Proband seine Kapazitäten die ihm am Tag zur Verfügung stehen auf deutlich weniger Muskelgruppen konzentrieren kann und diese so deutlich effektiver trainieren kann. Das Training ist eher maschinengestützt, beinhaltet aber auch einige freie Übungen was das Training abwechslungsreich gestaltet. Da der Proband bereits Erfahrung im Krafttraining gesammelt hat, können ebenfalls die koordinativ anspruchsvolleren freien Übungen mit in den Trainingsplan eingebaut werden, da der Proband durch diese lernt mehrere Muskeln in Zusammenarbeit einzusetzen(G. G. Haff, 2000). Ebenso werden aber auch Maschinen benutzt da diese Wiederstand aus verschiedenen Richtungen bieten, wohingegen freie Gewichte an die Schwerkraft gebunden sind. Übungen wie den Latzug kann man mit freien Gewichten nicht rekreieren, höchstens mit der Übung Klimmzüge bei der man aber mit seinem eigenen Körpergewicht trainiert, was die Übung nicht optimal für jeden macht, da nicht jeder zu 8-12 Klimmzüge über 3 Sätze fähig ist. In sowohl Push als auch Pull Trainingseinheiten halten sich mehrgelenkige und eingelenkige Übungen die Waage, in der Pull Trainingseinheiten sind es 5 eingelenkige und 3 mehrgelenkige Übungen. Es wurde versucht eine Balance zwischen mehrgelenkigen sowie eingelenkigen Übungen herzustellen. Diese soll bewirken, dass zum einen Übungen mit höheren Gewichten ausgeübt werden um mehrere Muskelgruppen auf einmal zu trainieren und eingelenkige Übungen um besagte Muskelgruppen isoliert zu trainieren. Die Pull Trainingseinheit fängt mit der Übung Rudern zum Bauch an, um den größten Teil der Rückenmuskulatur den m. latissimus dorsi zu trainieren und gleichzeitig den Armbeuger(m. bizeps brachii) mit zu involvieren. Eine Stärkung der Rückenmuskulatur hat zufolge das die Körperhaltung sich deutlich verbessert und wirkt als Gegensatz zum Brust und Schulter Training die eher dafür sorgen das der Schulter-gürtel sich nach vorne rundet und eine Hyperkyphose in der Brustwirbelsäule entsteht. Einen ähnlichen Effekt haben die Übungen Latzug und Rudern zur Brust wobei letzte-res fokussiert die obere Rückenmuskulatur trainiert wie den m. rhomboideus major et minor und den m. trapezius. Nach diesen 3 relativ schweren mehrgelenkigen Übungen kommt der Butterfly Reverse welcher als eingelenkige Übung für den m. deltoideus gilt, um genauer zu sein für den m. deltoideus pars spinalis. Die nächsten beiden eingelenki-gen Übungen sind die Bizeps-Curls mit der SZ-Stange und die Cross-Body Hammer Curls. Beide Übungen setzten einen Fokus auf den m. bizeps brachii, während die Hammer Curls gleichzeitig den m. brachioradialis und den m. brachialis mit beanspru-chen. Außer den optischen Veränderungen die diese Übungen mit sich bringen, verbes-sern sie auch indirekt die vorherigen Übungen da die Armbeugende Muskulatur sowohl im Unterarm als auch im Oberarm bei Übungen wie Rudern, Latzug und vielen anderen eine unterstützende Rolle spielt und so bei der Kraftsteigerung hilft. Danach werden die Beine mit 2 Übungen trainiert, die erste von beiden ist die Beinbeuger Maschine. Hier-mit wird der m. bizeps femoris trainiert. Die zweite Übung für die Beinmuskulatur ist die Abduktion an der Maschine, welche den äußeren Bereich der Beinmuskulatur ver-stärkt und so als Gegenspieler zu den Adduktoren wirkt, der bei dem Kunden durch das jahrelange Fußballspielen schon sehr stark entwickelt ist um so eine Dysbalance in den Beinen zu vermeiden.

Die Push Trainingseinheit hingegen besteht aus 8 Übungen von denen 4 mehrgelenkig und 4 eingelenkig sind. Die Push Trainingseinheit ist ähnlich wie die Pull Einheit eher maschinengestützt mit einigen freien Übungen da zwischen. Zum Beispiel ist die erste Übung Bankdrücken mit der Langhantel, eine sehr essenzielle Übung da eines der über-geordneten Ziele des Probanden die Kraftsteigerung der Brustmuskulatur ist und man mit dieser Übung den m. pectoralis major optimal trainieren kann. Der m. trizeps brachii und der deltoideus pars clavicularis wirken in dieser Übung als Synergist und werden demnach zu einem kleineren Teil mitbeansprucht. Einen ähnlichen Zweck bietet die nächste Übung Schrägbankdrücken mit der Kurzhantel, bei der ebenfalls die Brustmus-kulatur im Vordergrund steht, aber ebenso wie beim Flachbankdrücken auch der Trizeps und die Schulter mithelfen. Und auch wie beim Flachbankdrücken spielt diese Übung eine große Rolle in der Kraftsteigerung, da sie ebenso wie das Flachbankdrücken eine mehrgelenkige Übung ist, was bedeutet das höhere Arbeitsgewichte bei dieser Übung möglich sind und sie deshalb eine Verbesserung der Maximalkraft provozieren. Als nächstes wird die Übung Schulterdrücken an der Maschine ausgeführt, ebenfalls eine mehrgelenkige Übung die aber dadurch das sie an einer Maschine ausgeführt wird, ein höheres Maß an Stabilität für den Trainierenden bietet und so einen größeren Fokus auf den m. deltoideus legt, obwohl Synergisten wie der Trizeps niemals zu 100% ausgeschaltet werden können. Der Nutzen der Übung für den Trainierenden liegt darin, dass eine Verbesserung der Schultermuskulatur, insbesondere die des clavicularen Anteil, sich positiv auf die Performance bei Übungen wie Bankdrücken oder Schrägbankdrücken auswirkt und so die Kraftsteigerung von 15-20% durchaus realistisch macht. Um aber auch den acromialen Anteil der Schulter (m. deltoideus pars acromialis) zu trainieren ist die nächste Übung Seitheben unilateral am Kabelzug. Durch die unilaterale Version kann der Proband sich jeweils auf eine Schulter konzentrieren und vermeidet ebenfalls Dysbalancen in der Muskulatur. Die nächste Übung Butterfly an der Maschine wird genutzt um die Brustmuskulatur eingelenkig und isolierter zu trainieren und die vorherigen Synergisten Schulter und Trizeps auszuschalten. Um den besagte Trizeps auch zu trainieren wird als nächste Übung Skullcrusher mit der SZ-Stange durchgeführt um auch hier indirekt die Leistungen beim Bankdrücken zu verbessern und den Oberarmumfang zu vergrößern. Bei der Push Einheit ist die erste Beinübung die Beinpresse an der Maschine um hauptsächlich den m. quadriceps femoris und den m. gluteus maximus zu trainieren und auch an den Beinen an Muskelmasse zuzunehmen und optische Veränderungen hervorzurufen. Einen ähnlichen Zweck hat die nächste Übung Beinstrecker an der Maschine. Diese wird ebenfalls verwendet um den Quadriceps isoliert zu trainieren und gleichzeitig die Kraft in den Beinen bei Übungen wie der Beinpresse zu erhöhen.

5 Literaturrecherche

Tab.6: Vergleich von 2 Studien die über die Effekte von Krafttraining auf Diabetes Mellitus Typ 2 berichten (eigene Darstellung)

Autor/en der Studie	David Taylor, J. P., Tiarks, J.
Titel der Studie	Impact of physical therapist-directed exercise counseling combined with fitness center-based exercise training on muscular strength and exercise capacity in people with type 2 diabetes: a randomized

	clinical trial
Erscheinungsjahr der Studie	2009
Fragestellung	Gibt es Unterschiede in den Kraftwerten und positiven Auswirkungen zwischen Fitnesstraining in einer kontrollierten, überwachten Umgebung und Fitnesstraining in einem Studio bei Personen mit Diabetes Typ 2?
Zielsetzung	Es wurde versucht zu ermitteln welche Gruppe bessere Fortschritte gemacht hat und welche Unterschiede zwischen den beiden Gruppen auftraten. Informationen zur Stichprobe Es wurden 24 Personen mit Diabetes Typ 2 zufällig in zwei Gruppen aufgeteilt.
Information zur Stichprobe	Es wurden 24 Personen mit Diabetes Typ 2 zufällig in zwei Gruppen aufgeteilt.
Untersuchungsdesign/Durchführung	Die erste Gruppe bekam einen Trainingsplan und ihnen wurde der Zugang zu einem Fitnessstudio gestellt, die zweite Gruppe führte denselben Trainingsplan in einem Labor aus, der Trainingsplan bestand aus 3 Übungen: Brustpresse, Rudern, Beinpresse. Am Anfang der Studie wurden die Maximalkraft Werte jedes Probanden ermittelt und wurden dann mit den Maximalkraftwerten am Ende der Studie verglichen, die Studie wurde zwei Monate lang durchgeführt.
Ergebnisse	Beide Gruppen konnten keinen signifikanten Kraftzuwachs in einer der Übungen erreichen, die beiden Gruppen unterschieden sich ebenfalls nicht.
Schlussfolgerung	Es gibt keinen Unterschied in positiven Resultaten zwischen Krafttraining im Fitnessstudio und Krafttraining in einer kontrollierten, überwachten Umgebung wie

	einem Labor bei Menschen mit Diabetes-Mellitus Typ 2. Beide Gruppen haben im Bezug auf ihre Insulin Resistenz Fortschritte erzielt.
Autor/en der Studie	Ranasinghe C., Hills A. P., Constantine G. R., Finlayson G., Katulanda P., King N. A.
Titel der Studie	Study protocol: a randomised controlled trial of supervised resistance training versus aerobic training in Sri Lankan adults with type 2 diabetes mellitus: SL-DART study
Erscheinungsjahr der Studie	2018
Fragestellung	In welcher Hinsicht beeinflussen Krafttraining und Aerobic Training den Verlauf von Diabetes mellitus Typ 2? Wo liegen die Unterschiede?
Zielsetzung	Welche positiven Effekte können bei Patienten mit Diabetes erfahren, wenn sie Krafttraining oder Aerobic Training ausführen.
Information zur Stichprobe	90 zufällig ausgewählte Teilnehmer die von Diabetes Mellitus Typ 2 betroffen sind
Untersuchungsdesign/Durchführung	Die 90 Teilnehmer wurden in 3 Gruppen aufgeteilt zu jeweils 30 Personen. Die erste Gruppe führt Krafttraining 2x die Woche für 60-75 Minuten 12 Wochen lang aus. Gruppe 2 führt ebenfalls für 12 Wochen 60-75 Minuten Trainingseinheiten im Aerobic Training aus. Die letzten 30 Teilnehmer befinden sich in der Kon-

	trollgruppe und führen keinerlei sportliche Aktivitäten aus.
Ergebnisse	Eine positive Auswirkung auf die glykämische Kontrolle sowie auf das glykämische Hämoglobin konnte bei Testgruppe 1 sowie 2 festgestellt werden.
Schlussfolgerung	Krafttraining sowie Ausdauertraining hat positive Wirkung auf den Verlauf von Diabetes Mellitus Typ 2

6   Literaturverzeichnis

Chen L., Nelson D. R., Zhao Y., Zhanglin C., Johnston J. A., (2013). *Relationship between   muscle mass and muscle strength, and the impact of comorbidities: a population-based, cross-sectional study of older adults in the United States.* BMC Geriatrics 13, Article Number 74

Athiainen J. P., Pakarinen A., Alen M., Kraemer W. J., Häkkinen K., (2005). *Short vs long rest period between the sets in hypertrophic resistance training: influence on muscle strength, size, and hormonal adaptions in trained men.* Journal of Strength and Conditioning Research, Band 19, Ausgabe 3, Seite 572

Schoenfeld B. J., Ogborn D., Krieger J. W., (2016). *Effects of Resistance Training Frequency on Measures of Muscle Hypertrophy: A Systematic Review and Meta-Analysis.* Sports Medicine 46, Seite 1689-1697

Menzi C., Zahner L., Kriemler S., (2007). *Krafttraining im Kindes- und Jugendalter.* Institut für Sport und Sportwissenschaften Basel. Seite 38-44

Haff G. G., (2000). *Roundtable Discussion: Machines versus Free Weights.* National Strength & Conditioning Association. Ausgabe 22. Nummer 6. Seite 18-30

Tabellenverzeichnis